BEI GRIN MACHT SICH IHR WISSEN BEZAHLT

Kristian Kretzschmar

Betrachtung der Schnittstellen zwischen Geschäftslogik-schicht und Datenhaltungsschicht einer Drei-Schichten-Architektur mit Hilfe von Entwurfsmustern

GRIN Verlag

Bibliografische Information der Deutschen Nationalbibliothek:

Die Deutsche Bibliothek verzeichnet diese Publikation in der Deutschen National-bibliografie; detaillierte bibliografische Daten sind im Internet über http://dnb.d-nb.de/ abrufbar.

Impressum:

Copyright © 2011 GRIN Verlag, Open Publishing GmbH
Druck und Bindung: Books on Demand GmbH, Norderstedt Germany
ISBN: 978-3-656-13960-7

Dieses Buch bei GRIN:

http://www.grin.com/de/e-book/189637/betrachtung-der-schnittstellen-zwischen-geschaeftslogikschicht-und-datenhaltungsschicht

FOM Hochschule für Oekonomie & Management

Essen

Berufsbegleitender Studiengang

Master of Arts – IT-Management

Hausarbeit

im Fachbereich

„Software-Engineering, IT-Projekt- und Qualitätsmanagement"

über das Thema

Betrachtung der Schnittstellen zwischen Geschäftslogikschicht und Datenhaltungsschicht einer Drei-Schichten-Architektur mit Hilfe von Entwurfsmustern

Autor:

Kristian Kretzschmar

Heiligenhaus, den 22. Dezember 2011

Inhaltsverzeichnis

Abkürzungsverzeichnis II

Abbildungsverzeichnis III

1   Einleitung 1

2   Grundlagen 2

   2.1   Schichtenarchitektur 2

   2.2   Drei-Schichten-Architektur 3

      2.2.1   Präsentationsschicht 4

      2.2.2   Geschäftslogikschicht 4

      2.2.3   Datenhaltungsschicht 5

   2.3   Entwurfsmuster 5

3   Datenaustausch zwischen Geschäftslogikschicht und Datenhaltungsschicht .. 6

   3.1   Entwurfsmöglichkeiten für die Geschäftslogikschicht 6

      3.1.1   Transaction Script 6

      3.1.2   Domain Model 8

      3.1.3   Table Module 10

   3.2   Entwurfsmöglichkeiten für die Datenhaltungsschicht 11

      3.2.1   Identity Map 11

      3.2.2   Lazy Load 13

4   Fazit 15

Literaturverzeichnis 16

Abkürzungsverzeichnis

GUI   Graphical User Interface

DAO   Data Access Object

DAL   Data Access Layer

Abbildungsverzeichnis

Abbildung 1:   Beispiel für Transaction Script.. 7

Abbildung 2:   Beispiel für Domain Model 9

Abbildung 3:   Datenzugriff mit Identity Map.. 12

Abbildung 4:   Datenzugriff mit Lazy Load... 13

1 Einleitung

In der vorliegenden Hausarbeit findet eine Betrachtung der Schnittstellen zwischen Geschäftslogikschicht und Datenhaltungsschicht einer Drei-Schichten-Architektur statt. Ein besonderes Augenmerk liegt dabei auf der Betrachtung der verschiedenen Einsatzmöglichkeiten von Entwurfsmustern. Dabei wird aufgezeigt, welche Implementierungsmöglichkeiten und Funktionsweisen für Entwurfsmuster, in den beiden Schichten Geschäftslogikschicht und Datenhaltungsschicht, existieren. Das Ziel dieser Arbeit ist es jedoch nicht zu zeigen, welches das beste Entwurfsmuster generell ist. Da es immer situationsabhängig ist, welches Entwurfsmuster sich am ehesten eignet.

In der aktuellen wirtschaftlichen Lage ist es von enormer Bedeutung, dass ein Unternehmen, welches Software entwickelt, mit den entsprechenden Tools und Werkzeugen ausgestattet ist, um mit der Konkurrenz mitzuhalten. Dies beginnt schon bei dem Entwurf einer Anwendung. Denn in der heutigen Zeit genügt es nicht nur die Produktanforderungen umzusetzen. Die wichtigsten Punkte in der Software-Entwicklung, aber auch in anderen Projekten, sind die Komponenten Zeit, Kosten und Qualität. Nur wenn diese drei Komponenten miteinander harmonieren, ist es möglich, als Unternehmen konkurrenzfähig zu bleiben. Um dieses Ziel zu erreichen, ist es von enormer Bedeutung, dass Punkte wie Änderbarkeit bzw. Wartbarkeit, Wiederverwendbarkeit und Performanz ganz oben auf der Agenda stehen. An dieser Stelle kommen die bereits genannten Tools, wie zum Beispiel Entwurfsmuster, zum Einsatz.

Um eine Antwort auf diese Kernfrage der Hausarbeit zu erhalten, welche Einsatzmöglichkeiten von Entwurfsmustern im Bereich der Geschäftslogikschicht und der Datenhaltungsschicht existieren und wie diese funktionieren, werden zunächst die Grundlagen erklärt. Dazu zählen Begriffe wie Schichtenarchitektur, Drei-Schichten-Architektur und Entwurfsmuster. Im Anschluss wird detailliert auf die unterschiedlichen Entwurfsmuster der Geschäftslogikschicht und der Datenhaltungsschicht eingegangen. In diesen Kapiteln werden die verschiedenen Einsatzmöglichkeiten und die Funktionsweisen aufgezeigt. Das Fazit bildet den Abschluss dieser Arbeit, in dem die Ergebnisse dieser Arbeit kritisch betrachtet werden.

2 Grundlagen

In dem folgenden Kapitel werden zunächst grundlegende Punkte behandelt, die im Laufe dieser Arbeit eine wichtige Rolle spielen. Neben der Schichtenarchitektur im Allgemeinen werden die Begriffe Drei-Schichten-Architektur und Entwurfsmuster erklärt, die zum allgemeinen Verständnis der Arbeit dienen sollen.

2.1 Schichtenarchitektur

Das Schichtenmodell gehört zu den beliebtesten und den am meist verbreitetesten Architekturstilen in der Software-Entwicklung. Das Ziel dieses Architekturprinzips ist es, die Komplexität eines Software-Systems möglichst zu reduzieren und damit beherrschbar zu machen. Dazu wird eine Software-Anwendung, bereits bei der Planung, in unterschiedliche Schichten unterteilt. Jede Schicht, die auch als Layer oder Tier bezeichnet wird, übernimmt dabei eine klar definierte Rolle. So bietet jede Schicht beispielsweise den darüberlegenden Schichten eine Menge von Diensten an und verwendet dabei wiederum Dienste der darunterliegenden Schicht. Aufgrund der großen Beliebtheit dieses Modells existiert bereits eine Vielzahl von Entwicklungsframeworks (u. a. Java-Enterprise, Microsoft.NET) die auf Schichtenmodellen basieren. Mit dem Einsatz eines Schichtenmodells und dem Bilden von Schichten sind jedoch auch Regeln verbunden, die eingehalten werden müssen.[1,2] Bei dem Einsatz einer Schichtenarchitektur sind folgende Punkte zu beachten:[3]

- Eine Schicht verbirgt sowohl darunterliegende Schichten als auch die interne Komplexität. Untere Schichten konzentrieren sich meistens auf die Technik, während obere Schichten eher den Fokus auf die Benutzerschnittstelle legen.

- Top-down-Kommunikation, d. h., Komponenten der höheren Schicht verwenden Dienste der unteren Schicht und nicht umgekehrt.

---

[1] Vgl. Rau (2007), S.181
[2] Vgl. Starke/Hruschka (2011), S.44
[3] Schatten et al. (2010), S. 211

- Komponenten innerhalb einer Schicht sind von ähnlichem Abstraktionsgrad (z. B. Komponenten in der Daten-Schicht konzentrieren sich um Persistenz)

- Das Design einer Schicht soll eine lose Koppelung zu anderen Schichten ermöglichen.

- Die Kommunikation zwischen den Schichten erfolgt über klar definierte Schnittstellen und Protokolle.

Der Grund für den häufigen und beliebten Einsatz dieses Architekturmodells liegt in der Einfachheit und der klaren Verständlichkeit des Ansatzes. Aufgrund der Unterteilung in die verschiedenen Schichten lassen sich eigenständige Programmkomponenten entwickeln, ohne notwendigerweise die Gesamtarchitektur zu kennen. Ebenso lassen sich diese einzelnen Komponenten austauschen, ohne das gesamte Projekt zu gefährden oder zu beeinflussen. Somit ist eine strukturelle als auch organisatorische Trennung der einzelnen Bereiche möglich.[4]

2.2 Drei-Schichten-Architektur

Die Drei-Schichten-Architektur, auch 3-Tier genannt, ist eine Möglichkeit das Schichtenmodell anzuwenden. Diese Form der Schichtenmodellierung hat sich in den letzten Jahren immer mehr durchgesetzt und ist zu einem Standardmodell für heutige Software-Systeme geworden. Man findet diese vor allen in Bereichen, in denen interaktive Informationssysteme eingesetzt werden.[5] Die Drei-Schichten-Architektur wird dabei in folgende Schichten unterteilt:[6]

- Präsentationsschicht

- Geschäftslogikschicht

- Datenhaltungsschicht

In den folgenden Abschnitten werden die verschiedenen Schichten und deren Funktion innerhalb einer Drei-Schichten-Architektur detailliert erläutert.

---

[4] Vgl. Schatten et al. (2010), S. 212
[5] Vgl. Starke/Hruschka (2011), S.44
[6] Vgl. Balzert (1999), S.372

2.2.1 Präsentationsschicht

Auf der obersten Ebene der Drei-Schichten-Architektur befindet sich die Präsentationsschicht. Diese Schicht wird im allgemeinen Sprachgebrauch auch als GUI-Schicht (GUI: graphical user interface) oder Benutzungsoberfläche bezeichnet. Sie ist das Bindeglied zwischen Benutzer und Anwendung und für die Interaktion zwischen diesen beiden zuständig. Zu den Hauptaufgaben dieser Schicht gehört zum einen die Präsentation von Daten in Fenstern oder Berichten und zum anderen die Dialogführung.[7,8] Die einzelnen Komponenten zur Dialogführung wie zum Beispiel Buttons oder Eingabefelder beinhalten auch eine gewisse Logik für die Verarbeitung von Ergebnissen. So soll die Anwendung bei dem Betätigen eines Buttons oder einer Tastenkombination reagieren und eine bestimmte Aktion ausführen. Diese Logik sollte sich jedoch ausschließlich auf GUI-Komponenten beziehen und nicht darauf die Geschäftslogik zu implementierten.[9]

2.2.2 Geschäftslogikschicht

Die Geschäftslogikschicht oder auch Fachkonzeptschicht befindet sich auf der mittleren Ebene der Drei-Schichten-Architektur und modelliert den funktionalen Kern der Anwendung.[10] Auf dieser Ebene erfolgt die tatsächliche Abbildung der Kernfunktionalität des Systems in Form von Logik- und Serviceobjekten. Typische Funktionen dieser Schicht sind die Verarbeitung und die Aufbereitung von Daten für die Präsentationsschicht. In der Praxis kommt es häufig vor, dass bei komplexen Systemen die Geschäftslogikschicht zusätzlich noch in zwei weitere Schichten, eine Datenzugriffsschicht (Data Access Layer) und eine Serviceschicht, unterteilt wird. Die Datenzugriffsschicht wird dazu verwendet eine Menge von Datenzugriffsobjekten, sogenannte Data Access Objects (DAOs), der darunterliegenden Datenschicht abzubilden. Die Serviceschicht hat dadurch die Möglichkeit durch Servicekomponenten auf diese DAOs zuzugreifen, um Daten aus der darunterliegenden Schicht zu laden und zu speichern.[11]

---

[7] Vgl. Rau (2007), S.181
[8] Vgl. Balzert (1999), S.372
[9] Vgl. Schatten et al. (2010), S. 214
[10] Vgl. Balzert (1999), S.372
[11] Vgl. Schatten et al. (2010), S. 214

2.2.3 Datenhaltungsschicht

Auf der untersten Ebene der Drei-Schichten-Architektur befindet sich die Datenhaltungsschicht. Mit Hilfe dieser Schicht wird die Datenspeicherung eines Systems realisiert. Die Datenhaltungsschicht stellt eine Menge an Datenquellen zur Verfügung, auf die aus der darüber liegenden Schicht zugegriffen werden kann. Typische Objekte in dieser Schicht sind objektorientierte oder relationale Datenbanken, in denen die Daten der Anwendung persistiert werden.[12,13]

2.3 Entwurfsmuster

Entwurfsmuster (Design Patterns) werden seit langem in der Software-Entwicklung eingesetzt. Ursprünglich stammt der Begriff jedoch aus der Architekturwelt. In dem Buch „A Pattern Language. Towns, Buildings, Construction" von Christopher Alexander[14] wird beschrieben, wie bekannte und wiederkehrende Entwurfsprobleme gelöst werden können.[15] Obwohl in diesem Fall Entwurfsmuster für Gebäude und Städte gemeint sind, treffen diese Entwurfsmuster auch auf die Software-Entwicklung zu. In beiden Bereichen verwendet man Entwurfsmuster um Design- und Architekturwissen in einer kompakten und wiederverwendbaren Form zusammenzufassen.[16] In der Software-Entwicklung werden Entwurfsmuster als Hilfsmittel für Software-Entwickler oder Software-Architekten eingesetzt. Die Muster bieten ihnen wertvolle Unterstützung bei der Wiederverwendung erprobter Designentscheidungen und geben ihnen Hinweise, wie sie vorhandene Entwürfe flexibler, verständlicher oder auch performanter gestalten können. Durch einen angemessenen Einsatz von Entwurfsmustern kann das Risiko von Entwurfsfehlern deutlich gesenkt werden.[17]

---

[12] Vgl. Rau (2007), S.182
[13] Vgl. Schatten et al. (2010), S. 214
[14] Vgl. Alexander (1978)
[15] Vgl. Dikanski (2006), S. 6
[16] Vgl. Conrad et al. (2006), 212
[17] Vgl. Patterns kompakt, S. 1

3 Datenaustausch zwischen Geschäftslogikschicht und Datenhaltungsschicht

Das folgende Kapitel beschäftigt sich damit, wie der Datenaustausch zwischen der Geschäftslogikschicht und der Datenhaltungsschicht realisiert werden kann. Dazu werden die verschiedenen Entwurfsmöglichkeiten für die Geschäftslogikschicht als auch für die Datenhaltungsschicht aufgezeigt.

3.1 Entwurfsmöglichkeiten für die Geschäftslogikschicht

In diesem Abschnitt werden die verschiedenen Entwurfsmöglichkeiten zur Organisation der Geschäftslogikschicht aufgezeigt. Man unterscheidet dabei zwischen den Modellen Transaction Script, Domain Model und Table Module. Diese werden in den folgenden Unterkapiteln genauer untersucht und deren unterschiedliche Funktionsweise innerhalb der Geschäftslogikschicht dargestellt.

3.1.1 Transaction Script

Das Transaction Script organisiert und unterteilt die Geschäftslogik nach Prozeduren, wobei jede Prozedur eine einzelne Anforderung der Präsentationssicht verarbeitet bzw. abdeckt.[18]

Die meisten Geschäftsanwendungen sind so aufgebaut, dass sie eine Abfolge von Einzeltransaktionen abbilden. Eine Transaktion könnte beispielsweise das Anzeigen von Daten sein, eine andere das Ändern oder Löschen von Daten. Jede Interaktion, die zwischen Client-Rechner (Präsentationsschicht) und Server-System (Geschäftslogikschicht) ausgeführt wird, sorgt dafür, dass eine variable Anzahl an Verarbeitungsschritten ausgeführt wird. Die Anzahl der Verarbeitungsschritte und die damit verbundenen Transaktionen hängen von der Komplexität der Aktion ab. So benötigt beispielsweise eine Aktion, die dafür zuständig ist Daten aus einer Datenbank anzuzeigen wesentlich weniger Schritte als eine Aktion die Validierungen oder Kalkulationen durchführen soll. In den meisten Fällen handelt es sich dabei jedoch um einfache und nicht komplexe Aktionen.[19,20]

---

[18] Vgl. Fowler (2006), S. 110
[19] Vgl. Fowler (2006), S. 110
[20] Vgl. Liebhart et al. (2007), S. 3

Ein Transaction Script kann direkt in der Präsentationsschicht einer Drei-Schicht-Architektur implementiert werden. Es hat sich jedoch als sinnvoll erwiesen, diese Logik in einzelne Operationen zu kapseln. Eine mögliche Vorgehensweise ist, die zueinander gehörigen Transaktionen in einer Klasse zu bündeln.[21]

Die Vorgehensweise wird anhand des folgenden Beispiels verdeutlicht:

Stellt man sich eine einfache Bankanwendung vor, die Überweisungen tätigen und den aktuellen Kontostand abrufen soll, so würden die Aktionen durch die Methoden anzeigenKontostandsUebersicht() und durchfuehrenUeberweisung() implementiert werden (vgl. Abb. 1). Diese beiden Methoden könnten dann in einer gemeinsamen Klasse „Bank" gekapselt werden. Innerhalb der Methoden werden alle notwendigen Anzeige- und Benutzereingabefunktionen sowie Datenbankaktivitäten umgesetzt.[22]

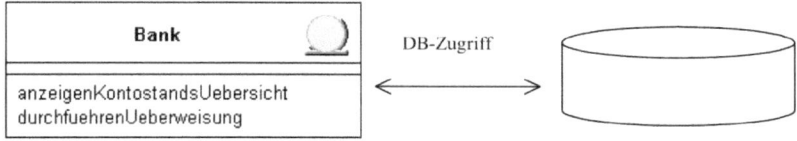

Quelle: Rau (2007), S. 184
Abbildung 1: Beispiel für Transaction Script

Die abgebildete Kommunikation zwischen Geschäftslogik (Klasse „Bank") und Datenbank kann dabei direkt oder über einen schlanken Adapter realisiert werden. Jede Transaktion, die zwischen diesen beiden Komponenten durchgeführt wird, hat ihr eigenes Transaction Script. In den meisten Fällen entspricht ein Transaction Script einer Transaktion auf der Datenbank. Die beiden erzeugten Methoden anzeigenKontostandsUebersicht() und durchfuehrenUeberweisung() können auf zwei unterschiedliche Arten in der Transaction Script Logik modularisiert bzw. bereitgestellt werden. Entweder als statische Methoden oder aber als Instanzmethoden über Objekte. [23,24]

---

[21] Vgl. Dikanski (2006), S. 9
[22] Vgl. Rau (2007), S. 184
[23] Vgl. Fowler (2003), S. 129
[24] Vgl. Liebhart et al. (2007), S. 3

Die Stärke des Transaction Scripts liegt in seiner Einfachheit. Es handelt sich bei diesem Domänen-Modell um ein einfaches prozedurales Modell, welches von den meisten Entwicklern verstanden wird. Mit diesem Modell ist es möglich, sehr eng mit der Datenhaltungsschicht zusammenzuarbeiten und unkomplizierte und performante Lösungen zu erstellen. Das Transaction Script wird in der Praxis allerdings primär für die Umsetzung einfacher Geschäftslogiken eingesetzt, da mit zunehmender Komplexität Redundanzen im Quellcode entstehen und er dadurch unübersichtlich wird.[25,26]

3.1.2 Domain Model

Das Domain Model ist ein Objektmodell der Domäne, dass sowohl Verhalten als auch Daten umfasst.[27]

Die Geschäftslogik einer betrieblichen Anwendung ist in den meisten Fällen sehr komplex und verlangt mächtige Strukturen, um diese in der Anwendung darstellen zu können. Durch den Einsatz eines Objektmodells ist es möglich die Komplexität, die durch unterschiedlichste Regeln und Logik entstehen, zu bewältigen.[28,29]

Das Domain Model besteht aus einem weitreichenden Netzwerk von Klassen, wobei jede einzelne Klasse ein wichtiges Objekt der Gesamtgeschäftslogik repräsentiert. Dabei ist es egal, ob es sich um ein „kleines" Objekt wie beispielsweise eine Zeile innerhalb einer Rechnung oder ein „großes" Objekt wie beispielweise ein Unternehmen handelt.[30] Das Entscheidende dabei ist, dass sich die Gesamtgeschäftslogik mit Hilfe der Klassen und Objekte in einzelne Artefakte unterteilen lässt. Nur so ist es möglich, die umfangreiche Datenverarbeitung und Datenmanipulation innerhalb eines objektorientierten Geschäftsmodells zu bewältigen.[31]

Jede Klasse der Domäne beinhaltet neben den Attributen und Daten auch eine gewisse Funktionalität. Dadurch kann die gesamte Benutzertransaktion der

---

[25] Vgl. Dikanski (2006), S. 9
[26] Vgl. Rau (2007), S. 184
[27] Vgl. Fowler (2006), S. 116
[28] Vgl. Dikanski (2006), S. 36
[29] Vgl. Fowler (2003), S. 136
[30] Vgl. Liebhart et al. (2007), S. 4
[31] Vgl. Dikanski (2006), S. 9

Geschäftslogik über verschiedene Klassen verteilt werden. Das bedeutet, dass nicht nur eine Klasse für die gesamte Benutzertransaktion zuständig ist, sondern dass jedes Objekt einen Teil der Logik übernimmt. Durch diese Art der Software-Entwicklung kann die Geschäftslogik durch verschiedene Personen, die sich unter Umständen an unterschiedlichen Orten befinden, weiterentwickelt und erweitert werden, ohne dabei die gesamte Funktionalität der Anwendung zu beeinflussen.[32]

In der bereits genannten Bankanwendung aus Kapitel 3.1.1 würde der Einsatz eines Objektmodells dann wie folgt aussehen:

Die vorhandene Klasse „Bank" aus Kapitel 3.1.1 wird in drei Klassen (Kunde, Konto und Überweisung) aufgeteilt. Die Klasse „Kunde" kennt in diesem Modell seine „Konten" und ist damit für das Anzeigen des aktuellen Kontostands zuständig. Da eine Überweisung zwischen zwei Konten stattfindet, befindet sich die Durchführung der Überweisung in der Klasse „Konto". Anhand der mitgelieferten Parameter wie zum Beispiel Kontonummer des Absenders, Kontonummer des Empfängers und dem Betrag wird dann eine Überweisung mit Hilfe der dritten Klasse „Ueberweisung" durchgeführt. Zusätzlich speichert die Klasse „Ueberweisung" noch weitere Attribute. Dazu gehört unter anderem das Datum der Überweisung, so dass, wie es in einer kaufmännischen Anwendung üblich ist, Vorgänge reproduzierbar bleiben (vgl. Abb. 2).

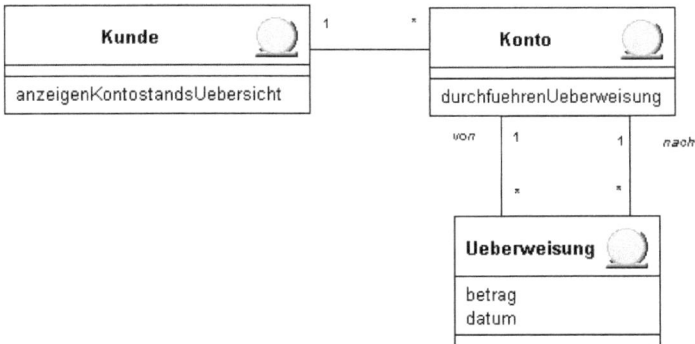

Quelle: Rau (2007), S. 185
Abbildung 2: Beispiel für Domain Model

---

[32] Vgl. Dikanski (2006), S. 9

Wie das Beispiel zeigt, kann durch die Verwendung des Domain Models die Komplexität der Zusammenhänge innerhalb einer Anwendung methodisch bewältigen werden. Aufgrund dessen, dass jedes Objekt eine bedeutende Komponente der Gesamtanwendung repräsentiert, ist die Umsetzung innerhalb der Software-Entwicklung der Realität sehr nahe und dementsprechend verständlich.[33]

3.1.3 Table Module

Ein Table Module ist eine einzige Instanz, die die Geschäftslogik für alle Zeilen in einer Datenbanktabelle oder in einer View verwaltet.[34]

Eine weitere Möglichkeit, die Geschäftslogik einer Anwendung zu strukturieren ist das sogenannte Table Module. Auf den ersten Blick ähnelt das Table Module sehr stark dem Domain Model. Es findet ebenfalls eine Aufteilung in mehrere einzelne Klassen statt (Kunde, Konto usw.), so dass die Gesamtgeschäftslogik in den einzelnen Klassen gekapselt werden kann. Der Unterschied gegenüber dem Domain Model ist jedoch, dass beim Table Module neben den Attributen, Daten und Funktionalität keine Betrachtung der Identitäten der Objekte stattfindet.[35]

Wenn man sich nochmal das Beispiel aus den vorherigen zwei Kapiteln in Erinnerung ruft, ist der Aufbau bei einer Überweisung wie folgt: Bei dem Domain Model wird für jeden Kunden in der Datenbank, der eine Aktion in der Anwendung ausführt, wie zum Beispiel eine Überweisung tätigen, ein Objekt vom Typ Kunde erzeugt. Beim Table Module hingegen existiert ausschließlich ein Objekt vom Typ Kunde.[36] Das ist die wesentliche Schlüsseleigenschaft dieses Modells. Das Table Module ist so konzipiert, dass es eine Menge gleichartiger Daten und das dazugehörige Verhalten bündelt.[37]

Das Table Module wird besonders häufig bei einer tabellenorientierten Datenstruktur eingesetzt, da die Abbildung auf Relationen relativ einfach ist. In der Praxis bildet das Table Module dabei meist eine Tabelle in der Datenbank ab. Es ist jedoch auch möglich komplexe Abfragen oder Sichten (Views) damit abzubilden.

---

[33] Vgl. Rau (2007), S. 185
[34] Vgl. Fowler (2006), S. 125
[35] Vgl. Rau (2007), S. 185f
[36] Vgl. Rau (2007), S. 185f
[37] Vgl. Fowler (2006), S. 125

Eine Vielzahl von Entwicklungsframeworks, wie zum Beispiel .NET von Microsoft, unterstützen diesen Entwicklungsstil und bieten dementsprechend eine Reihe von Frameworks in diesem Bereich an. Es ist jedoch zu beachten, dass durch den Einsatz des Table Modules bestimmte objektorientierte Konzepte wie zum Beispiel Vererbung oder direkte Beziehungen nicht gut anwendbar sind. Dadurch kommt es vor, dass oftmals verschiedene Table Module auf gemeinsamen Daten arbeiten müssen, um eine bestimmte Funktionalität zu erreichen.[38,39]

3.2 Entwurfsmöglichkeiten für die Datenhaltungsschicht

In diesem Kapitel werden die verschiedenen Entwurfsmöglichkeiten der Datenhaltungsschicht aufgezeigt. Dafür wird das Data Mapper Muster, welches oft in Anwendungen mit einem Domain Model[40] genutzt wird, zugrundegelegt.

Ein Data Mapper ist eine Softwareschicht, die die Objekte der Geschäftslogik von der Datenhaltung in den Datenbanken trennt. Sie hat die komplexe Aufgabe Daten zwischen diesen beiden zu transportieren und zugleich von einander zu isolieren.[41]

Aufgrund der Vielzahl von Data Mappern, die es in der Software-Entwicklung gibt, werden im Rahmen dieser Hausarbeit ausschließlich die objektrelationalen Verhaltensmuster Identity Map und Lazy Load in den folgenden Unterkapiteln betrachtet.

3.2.1 Identity Map

Die Indentity Map stellt sicher, dass jedes Objekt nur einmal geladen wird, indem jedes geladene Objekt in einer Map gespeichert wird. Wenn Objekte angefordert werden, wird zunächst in der Map nach einer verfügbaren Kopie gesucht.[42]

Eine Identity Map kann man sich wie eine Art „Tabelle" vorstellen, in der Informationen zu einem Objekt gespeichert werden. In der Programmiersprache Java könnte das beispielsweise ein HashMap-Objekt sein. Diese „Tabelle"

---

[38] Vgl. Rau (2007), S. 185f
[39] Vgl. Dikanski (2006), S. 10
[40] Vgl. Kapitel 3.1.2 Domain Model
[41] Vgl. Fowler (2006), S. 165
[42] Vgl. Fowler (2006), S. 195

verhindert, dass ein Objekt mehrfach aus der Datenbank geladen und möglicherweise unterschiedlich verändert wird.[43]

Bei jedem Aufruf bzw. Lesevorgang wird zuerst in der Identity Map nach einer verfügbaren Kopie dieses Objektes gesucht. Sollte das Objekt noch nicht in der Identity Map vorhanden sein, wird das gewünschte Objekt, mit allen dazugehörigen Daten aus der Datenbank erzeugt und als Eintrag in der Identity Map vermerkt (vgl. Abb. 3).

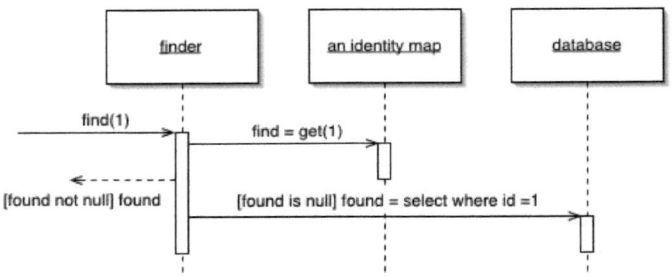

Quelle: Fowler (2006), S. 195
Abbildung 3: Datenzugriff mit Identity Map

Das hat zur Folge, dass jeder weitere Zugriff auf dieses Objekt nur noch über die Identity Map möglich ist. Es findet demzufolge kein erneutes Laden aus der Datenbank statt. Das hat den positiven Nebeneffekt, dass durch diese Vorgehensweise auch Datenbankzugriffe eingespart werden können, was zu einem Performanzgewinn führt, da die Identity Map als Zwischenspeicher dient. Dies ist jedoch nicht das Hauptziel einer Identity Map.[44,45] Das primäre Ziel besteht darin, wie bereits am Anfang des Kapitels beschrieben, Inkonsistenzen zu verhindern, die durch das mehrfache Lesen und Verändern eines Objektes auftreten können.[46]

---

[43] Vgl. Rau (2007), S. 195
[44] Vgl. Rau (2007), S. 195
[45] Vgl. Fowler (2006), S. 195f
[46] Vgl. Dikanski (2006), S. 15

3.2.2 Lazy Load

Als Lazy Load bezeichnet man ein Objekt, das nicht alle benötigten Daten enthält, aber weiß, wie es sie beschaffen kann.[47]

Das Lazy Load Pattern (verzögertes Laden) ist ein Muster, mit dem verhindert werden kann, dass ein Objekt Performanzprobleme hervorruft. Denn oft ist es so, dass beispielsweise bei dem Durchführen einer Bestellung zahlreiche Informationen, die für den eigentlichen Bestellvorgang gar nicht benötigt werden, im Hintergrund mit geladen werden. Durch Lazy Load kann dieses Problem behoben werden. Denn durch Verwendung dieses Musters kann verhindert werden, dass unnötige Objekte voreilig geladen werden. Anstelle des Objekts wird ein Platzhalter für das eigentliche Objekt konstruiert und erst dann, wenn auf das referenzierte Objekt auch wirklich zugegriffen wird, werden die Daten aus der Datenbank gelesen (vgl. Abb. 4).[48,49]

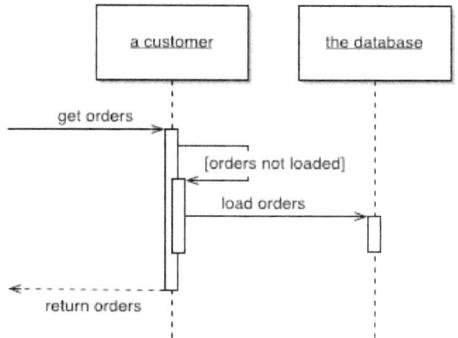

Quelle: Fowler (2006), S. 200
Abbildung 4: Datenzugriff mit Lazy Load

---

[47] Vgl. Fowler (2006), S. 200
[48] Vgl. Rau (2007), S. 196
[49] Vgl. Fowler (2006), S. 200

Für die Implementierung dieses Platzhalters gibt es grundsätzlich vier verschiedene Varianten:[50]

Lazy Initialization: Bei diesem Verfahren wird ein spezieller Marker-Wert gesetzt (normalerweise null), der signalisieren soll, dass der Wert noch nicht geladen wurde. Bei jedem Zugriff auf den Wert wird zuerst gegen den Marker geprüft und danach der Wert geladen.

Virtual Proxy: Hierbei handelt es sich um ein Stellvertreter-Objekt, welches dasselbe Interface wie das Originalobjekt implementiert. Wird eine Methode zum ersten Mal über diesen Proxy aufgerufen, so wird im Hintergrund das eigentliche Objekt geladen und der Aufruf an dieses delegiert.

Value Holder: Bei dieser Vorgehensweise besitzt das Objekt eine getValue Methode. Diese kann von den Clients verwendet werden, um an das eigentliche Objekt heranzukommen. Wird die Methode zum ersten Mal aufgerufen, wird im Hintergrund das eigentliche Objekt geladen und der Return-Wert von getValue zurück gegeben.

Ghost: Das Ghost-Objekt ist bereits das eigentliche Objekt, jedoch noch ohne geladene Daten. Wird eine Methode auf dem Ghost zum ersten Mal aufgerufen, werden die gesamten Daten in die Attribute des Ghost-Objekts nachgeladen.

Lazy Load wird insbesondere dann eingesetzt, wenn verbundene Objekte nicht unmittelbar mit dem Hauptobjekt verwendet werden und der Zugriff auf ein Attribut einen weiteren Datenbankzugriff nötig macht. Dieses Muster hat den großen Vorteil, dass die Daten verzögert geladen werden können. Jedoch ist die Implementierung dieses Musters kompliziert und sollte daher nur eingesetzt werden, wenn dieses wirklich benötigt wird.[51,52]

---

[50] Vgl. Liebhart et al. (2007), S. 19
[51] Vgl. Rau (2007), S.196
[52] Vgl. Dikanski (2006), S. 16

4 Fazit

Um zu verstehen, welche Einsatzmöglichkeiten es für Entwurfsmuster innerhalb einer Drei-Schicht-Architektur gibt, wurde in der vorliegenden Arbeit diese Thematik genauer untersucht. Dazu wurde zu Beginn der Arbeit erklärt, was unter einer Schichtenarchitektur, speziell unter einer Drei-Schicht-Architektur, und was unter einem Entwurfsmuster zu verstehen ist. Im Anschluss wurde aufgezeigt, welche unterschiedlichen Entwurfsmuster in der Geschäftslogikschicht und in der Datenhaltungsschicht eingesetzt werden können und wo deren Stärken bzw. Schwächen liegen.

Diese Arbeit hat gezeigt, dass der Einsatz von Entwurfsmustern durchaus sinnvoll ist, wenn man sich die Punkte Änderbarkeit bzw. Wartbarkeit, Wiederver-wendbarkeit und Performanz vor Augen hält. Durch den Einsatz von Entwurfsmustern ist es möglich die Performanz einer Anwendung zu verbessern bzw. berechenbarer zu machen, wie zum Beispiel durch den Einsatz von Lazy Load. Desweiteren kann der Einsatz dieser Muster Software-Entwicklern und Software-Architekten dabei helfen, schneller Designentscheidungen zu treffen. Durch das Wissen, welches über Jahre gesammelt wurde, kann dieses auf bereits bekannte Probleme angewandt werden. Sie können ein Problem lösen, indem sie auf Entwurfsmuster zurückgreifen, die bereits in der Praxis erprobt wurden. Die in dieser Arbeit untersuchten Entwurfsmuster waren jedoch nur ein Bruchteil von dem, was der Software-Entwicklung heutzutage zur Verfügung steht. Aufgrund der Vielzahl von Entwurfsmustern, die eingesetzt werden können, gibt es diverse Möglichkeiten um eine Lösung für ein bestehendes Problem zu finden. Auch der Umgang mit Entwurfsmustern wird Software-Entwicklern durch die Breitstellung entsprechender Frameworks vereinfacht. Abschließend lässt sich sagen, dass durch den Einsatz von Entwurfsmustern viele Probleme gelöst werden können. Das ist vor allem darauf zurückzuführen, dass durch den frühen Einsatz dieser Modelle, bereits in der Entwurfsphase, das Risiko von Entwurfsfehlern deutlich gesenkt werden kann.

Literaturverzeichnis

Alexander (1978)   Alexander, Christopher: A Pattern Language. Towns, Buildings, Construction, Oxford University Press, 1978, ISBN 0195019199

Balzert (1999)   Balzert,Heide: Lehrbuch der Objektmodellierung - Analyse und Entwurf, Spektrum Akademischer Verlag, Heidelberg, 1999, ISBN 3827402859

Conrad et al. (2006) Conrad, Stefan; Hasselbring, Wilhelm; Koschel, Arne; Tritsch, Roland: Enterprise Application Integration: Grundlagen - Konzepte - Entwurfsmuster - Praxisbeispiele, Spektrum Akademischer Verlag, Heidelberg, 2006, ISBN 3827415721

Dikanski (2006)   Dikanski, Aleksander: Muster für betriebliche Anwendungen - Objekt-Relationale Muster, Karlsruhe, 2006, http://sdqweb.ipd.kit.edu/mediawiki/images/3/3d/ Seminar-MDA-SS06-Ausarbeitung-Dikanski-EntwurfsmusterEnterpriseApplications.pdf (14.12.2011, 20:29)

Fowler (2003)   Fowler, Martin: Patterns für Enterprise-Application-Architekturen, Hüthig Jehle Rehm Verlag, Heidelberg, 2003, ISBN 3826613783

Fowler (2006)   Fowler,Martin: Patterns of Enterprise Application Architecture, 11. Auflage, Addison-Wesley Verlag, Boston, 2006, ISBN 0321127420

Liebhart et al. (2007) Liebhart, Daniel; Schmutz, Guido; Lattmann, Marcel; Heinisch, Markus; Könings, Michael; Kölliker, Mischa; Pakull, Perry; Welkenbach, Peter: Architecture Blueprints: Ein Leitfaden zur Konstruktion von Softwaresystemen mit Java Spring, .NET, ADF, Forms und SOA, 2. Auflage, Carl Hanser Verlag, München, 2007, ISBN3446412018

Rau (2007)   Rau, Karl-Heinz: Objektorientierte Systementwicklung: Vom Geschäftsprozess zum Java-Programm, Vieweg + Teubner Verlag, Wiesbaden, 2007, ISBN 383480245X

Schatten et al. (2010) Schatten, Alexander; Biffl, Stefan; Demolsky, Markus; Gostischa-Franta, Erik; Östreicher, Thomas; Winkler, Dietmar: Best Practice Software-Engineering: Eine praxiserprobte Zusammenstellung von komponenten-orientierten Konzepten, Methoden und Werkzeugen, Spektrum Akademischer Verlag, Heidelberg, 2010, ISBN 3827424860

Starke/   Starke, Gernot; Hruschka, Peter: Software-Architektur
Hruschka (2011)   kompakt – angemessen und zielorientiertm 2. Auflage,
Spektrum Akademischer Verlag, Heidelberg, 2011, ISBN
3827428343